LIVSVILJE

UFULDENDTE SERENADER

Et Nietzschesk kraftbind

Kim Gørtz

KIM GØRTZ

LIVSVILJE

UFULDENDTE SERENADER

Et Nietzschesk kraftbind

© 2024

SAGARO REC & PUB

ISBN: 978-87-4305-755-0

Forlag: BoD • Books on Demand GmbH, In de Tarpen 42,

22848 Norderstedt, Tyskland

Tryk: Libri Plureos GmbH, Friedensallee 273, 22763 Hamborg, Tyskland

Ve dig, menneske! Den tid kommer, hvor mennesket
ikke mere skyder sin længsels pil forbi mennesket,
og hvor dets buestreng ikke mere ved, hvad det vil
sige at svirre!

Jeg siger jer: man må endnu have kaos i sig for at
kunne føde en dansende stjerne. Jeg siger jer: I har
endnu kaos i jer.

Friedrich Nietzsche

Således talte Zarathustra, s. 15-16 (1999)

Tilbage til livet: skab nye livsværdier!

Når mennesket er noget, der skal overvindes

En nye vilje lærer menneskene om livet, hvis opfindere af nye værdier verden drejer sig om … intet folk kan leve som ikke værdsætter … mennesker lægger værdier ind i tingene for at holde sig i live … værdsætten er skaben … hvor der findes liv, findes der vilje til magt … livsvilje, en vilje der er skabende…

Livets ulemper er som en prisme, dets optik, som livets erkendelse, i livets tjeneste, er skadeligt for livet, hvilket kræver en 'livets sundhedslære', da en gift, der tynger og kvæler livet, med henblik på livet, er et livsproblem – derfor en livsnødvendig, livstjenlig dannelse, en oplivelse af et livs- og handlingsorienterende forhold til livet, der er værd at blive levet, således at elske livet også gør livet værd at erkende.

Det gælder om at hjælpe til liv; der er "en hæmsko i tidens hjul", i den "myreagtige tummel", i det livsbeherskende hvirvelspil, som er eroderende for nyt liv på livets vegne – i livets kultur er der forslugne, levende dissonante foreninger, hvis hæslige og tragiske livssyn, kalder på en ny begyndelse, en kulturel selvdannelse, en organisering af kaos – et *vivo ego cogito* – således at en *levende og livspraktisk resonans* skaber livsbefordrende erkendelser.

… vi har mistet evnen til at leve, til at se og høre rigtigt og ligefremt, til lykkeligt at gribe det nærmeste og naturlige og har indtil dette øjeblik ikke engang fundamentet for en kultur, fordi vi ikke selv er overbevist om at have et sandt liv i os.

(Nietzsche. Historiens nytte, 127, 1994)

Måske kender du mennesker i din nærhed, som kun vil se sig selv på en vis afstand for overhovedet at kunne finde sig selv udholdelige og tiltrækkende og stærke; dem bør man fraråde selverkendelse.

(Nietzsche. Den muntre videnskab, s. 53, 1997)

Den flittigste af alle tidsaldre – vor tidsalder – kan ikke finde andet ud af sin flid og mange penge end stadig flere penge og stadig mere flid; der hører netop mere genialitet til at give ud end til at erhverve sig!

(Nietzsche. Den muntre videnskab, s. 56, 1997)

Liv er i sit væsen tilegnelse, krænkelse, overmanding af det fremmede og svagere, undertrykkelse, hårdhed, påtvingelse af egne former, indlemmelse og, i det mindste og mildeste, udbytning … som en organisk grundfunktion, den er en følge af den egentlige vilje til magt, der netop er livets vilje.

(Nietzsche, Hinsides godt og ondt, 176, 2002)

Indhold

Glemsel

En lille rift i tankeblanderne

Spinder & lever i værdighed

Klangmættet & tankeløs omplantning

En lille levende hvirvel

Overstrømmende kærlighed

Smuldrer i en nænsom hånd

Livsstrømningens simple & rørende *gaudium*

En olympisk latters tågeslør

Den nulevende ukrænkelighed

Flydende og svævende folkesværme

Til stadighed løsner der sig et blad af tidens
rulle, det falder ud, flagrer bort – og flagrer
pludselig atter tilbage, ned i skødet på
mennesket.

Nietzsche (Historiens nytte, s. 40, 1994)

Glemsel

Mennesket er et sygt dyr, hvis hukommelse tynger livets sundhed. En livsbekræftende attraktionskraft, en potent beskedenhed, en utålelig besked, behersket af livskræfter – en magtfilosofisk sans for livets umættelighed.

Diætregler og kalejdoskopiske kure, smagskomponenternes sjette sans; umådelige urter – en overdosis af ståsteder – en aktiv glemsel i livets tjeneste.

Ceterum censeo: erkendelsesoverflodens forkælede lediggængere, hvor livet sygner hen.

Den lyse og klare aften. Den frit formet og underholdende kærlighedssang. Som en forelsket bejler synges disse sange til en elsket læser: *Livsvilje. Ufuldendte serenader. Et Nietzschesk kraftbind.*

Det er helt Nietzschesk!

1. Tidsstrømningernes fordærv
2. Øjeblikkets pæl, tærskel og ro
3. Livets plastiske kræfter…
4. At læge sår; at omskabe til sundhed
5. At gro ægte…

Ufuldendte serenader på vej

Negativ

Et Adornosk fortryllelsesbind

Tidligere udgivet

Frifundet. *Et Kafkask procesbind*

Inderlig. *Et Kierkegaardsk eksistensbind*

Væsentlig. *Et Heideggersk værensbind*

Aura. *Et Benjaminsk passagebind*

Hellig: *Et Agambensk nøgenbind*

Immobil *Et Sloterdijksk sfærebind*

Fremmed: *Et Rosask resonansbind*

Flugt: *Et Deleuzesk rhizombind*

... thi nu er menneskets historie blot
fortsættelsen af dyrenes og planternes
historie; ja, nede i havets dybeste dybder
finder den historiske universalist spor af sig
selv, som levende slim; når man med
forbavselse og undren betragter den uhyre vej,
som mennesket allerede har gennemløbet, er
man ved at falde bagover ved synet af det
endnu mere forbavsende under, det moderne
menneske selv, der formår at overskue denne
vej.

Han står højt og stolt på verdensprocessens
pyramide: idet han øverst oppe lægger sin
erkendelses slutsten på plads, synes han at
tilråbe den lyttende natur udenom: vi er ved
målet, vi er målet, vi er den fuldendte natur.

Nietzsche, Historiens nytte, s. 111, 1994

En lille rift i tankeblanderne

Iskolde smil stivner, som undergraver det levende
liv, som mumificerer livet; *mennesket ånder en
muggen luft* – at avle liv i nutidens friske liv.

Et pinligt forhør, de udsatte farlige forsøg, som en
sælsom trøst; som en livskraftig svulmende stjerne
af liv – fremfusende stimler og rumler *ufordøjelige
erkendelses-sten* inderlighedens dannelses-tanke, -
følelse, og –beslutning.

Naturens betænkelige kløft pirres af livsytringer og
sand dannelse, sundhed og ærlighed; men en
sjusket angst, en sløset, skødesløs og inderlig kraftig
knude – trådenes tempel – er skrækkelig fordærvet,
overmæt.

En livgivende, smertelig kynisme og selvironi strør
lammende om sig med et kraftesløst pirringsmiddel
– uden klang og ekko; med snu og tøvende rynker,
sker enfoldens virvar bag masken.

Som en ærlig nar, som en omvandrende løgn, som
de spadserendes lærde monolog og stuevisdom, som
tænke-, skrive- og talemaskiner, opstår
livspåvirkende dannelsesmønstre og
dannelsesmennesker.

Med den smigrende afmagt, på vildfarelsernes
uudgrundelige hav, øjnes erkendelses-dæmonernes

sløve vilje, dømmekraften og sandhedsdriften; som
genlyder i svirrende overtoner.

I de *sfærisk-tynde, spidse klange* luller blødagtige
opiumsrygere sig indsmigrende ind i en svævende
pathos, hvis kompositionsmoment krummer
erfaringskredsens hverdagsmelodi; som i
kærlighedens fraser.

Allemandsvisdommens tørreste ord, den lammende
forbandelse, den rodløse atmosfære – *écrasez* – er
forpint sygeligt; livskraftigt, at lade sig afstumpe.

Med bedøvende livseliksir, i undergangsanelsernes
atomprik, som et henvisnende *momento vivere*; i
jordelivets livsluft, i den levende dannelse, med en
livsgang – med alle de levende hukommelser.

I den mørke anelse, i den farlige vaklen; hvor
verdensprocessens hjerneskaller krummer ryggen
med forslidte knæ – i et spejlglas med djævlenes
advokaters sufflørhjælp – som øjeblikkets
legionærer.

Hele *jordloppens* personlighed; i troldspejlet – som
en filosofisk parodist, med en "klapren med
knoglerne" – i hele livets ufordøjelighed, og med
verdens forløsning, sker hengivelsen til livet, sker
forsoningen med livet.

Alle de udsvævelser – *animae magnae prodigus* –
som bobler i vandmasserne, som den kloge
egoisme, i hele den beskyttende atmosfære...

... kulturen kan kun fremvokse og sætte
blomst, når den udspringer af livet...

Nietzsche, Historiens nytte, s. 124, 1994

Spinder & lever i værdighed

Blinket med øjet; at lære at leve (med) livets kræfter
i "langsommelighedens land", med den eneste
mester, naturen, i livet, som et håndværk, som må
læres, som den, der fødes som filosof – i den
hensmuldrende *nød-sandhed* – at opdrage sig selv.

Vivo, ergo cogito – i det fulde grønne liv, i et levende
væsen, i befrielsen af livet; i alle tilblivelsens
lysbølger – i hele *begrebs-skælvet* – hvor livet
hersker over erkendelsen, hvor livets sundshedslære
bliver til en forhøjet livsfølelse.

Alle livsdrifterne; hvor dét, "at organisere kaos i sig
ved at besinde sig på sine ægte behov" – skaber
kulturen som en ny og forbedret physis – gennem et
liv, via en tænken og som en villen, med hele den
sande dannelse – med hele sandhedskærligheden.

Krydsningernes billedgnistrende selvkritik;
tragediens død, retfærdiggørelsen af verden – er *det
store spørgsmålstegn om tilværelsens værdi*.

Med styrkens problematiske pessimisme, som en
forførisk tapperhed; at frygte moralens sokratisme
og *det teoretiske menneskes dialektik* – i livets optik,
med de "dannedes" *profanum vulgus*.

I smertens higen efter det hæslige, med vanviddets
symptomer, i neuroserne af sundhed, skummer livet
over af skænkende velsignelser; i livets optik – med
en filosofi om *viljen til undergang*, og om
livsfattighed.

Med et hemmeligt tilintetgørelsesinstinkt, med livets resignation brummer der en grundbas, hvis oplukkede øre, og hjertes klinge(n) bryder sammen; som en selvopdragelsens "leven resolut".

En morsom biting parret med hinanden, som skaber (af) drømmens og rusens skin; dette filosofiske menneske, med sensible øvelser i livet, med alvorlige, dystre, sørgelige og mørke komedier, lever og lider dette inderste væsen som en billedskabende kraft.

Med helbredende og hjælpende bedrag, som gør livet muligt og værd at leve, opstår en visdomsfuld ro midt i verden af urokkelig tillid, i en rolig sidden stille, i en vældig gru, som pludselig mister orienteringen, i rusens sønderbrydelse, med narkotiske drikke og i forårets magtfulde nærhed; sker en orgiastisk sundhed, ligbleg – med flammende liv.

I den fremmedgjorte trolddom, forenet, forsonet, forbundet med det hemmelighedsfulde Ur-ene, i et højere fællesskab, i fortryllelsen, hvor dyrene nu taler, og jorden giver mælk; henrykt i rusens skælven, i naturens kunstmagt.

I den mystiske selvovergivelse, i den rusfyldte virkelighed forløses en mystisk enhedsfølelse med verdens inderste grund; forsoningen i det rette øjeblik med gedebukkens "heksedrik".

Verdensforløsningsfesternes lægemidler, som minder om dødelige gifte, sværmer sentimentalt i

naturens musik, med de arkitektoniske toners
rystende magt; i frisættelsens dans – med
ubehersket forundring – som "forstået af sine lige", i
et slør.

I et bestyrtet liv, med trylledrik i kroppen, som et
svævende intet, udholdes tilværelsen med en
ombølgende glorie; i forklarelsens spejl forføres
menneskelivets klagen af naturens hjerte, i den
opslugte kulturs naivitet.

I skønhedens sfære, med lidelsestalentets,
ambrosiske duft, i den lysende svæven midt på
havet, indtræffer mådeholdets selverkendelse i
tryllevisernes klang; som et folkefilosofisk
enhedsmysterium.

Forløsningen af jeg'et, lyrikerens sindsstemning; at
være naturlig som en æstetisk metafysik, i
afgrunden af verdens hjerte og tummel, sprutter
fortryllelsens tragedie.

I det bevægende midtpunkt, i udvejens dybsindige
vanskelighed, med stemning og viljens affekt, er
springets medium retfærdiggjort; at "dreje øjnene
omkring og skue sig selv".

Perpetuum vestiggium; nye fødsler i verdensspejlet,
rapsodernes fløjtespil henriver og bandlyses i
svaghedens hvisken, i *havblikkets uformørkede
soløje* – i (d)en omkringflagrende sfære.

Det tragiske kor, den sande tilskuer, skikkelsens
levende mur tåler livets plage og glemslens kløft;

tåler "verden som er gået ud af sine fuger" – føler lede som skovmenneske.

Ubrudt i *naturens dybeste bryst* er "alt kun ét stort, ophøjet kor af dansende" selvspejling, i en ensom bjergdal omringet af åndeskarer; den tragiske helts sitrende uro og vedblivende magiske vekslen.

Det ædle menneskes procesknude, i et blik i afgrunden, i tilblivelseslyst, *spejler sig i en sort sø af sørgmodighed*; en besk tanke tryllebundet i verdens hjerte.

Når et sønderlemmende smil strejfer *den vilde og nøgne naturs filosofi* visner dens blade, og den såret helt begår selvmord i det bortgående blik, i en dybt følt tomhed; i hverdagslivet spejles *naturens mislykkede linjer*.

"Hvis hele massen nu filosoferer", som tænker og produktiv sidedrift, som en uendelighed i baggrunden, i det samme tusmørke, som korets betydning, med et mistroisk smil, som den anden tilskuer; som helt nyfødt, med svimlende hvirvler og glødende henrykkelser, med dristig kritik, som en bred og mægtig strøm, som et hul af medfrygt, som medlidenhedens væv, som tråde i hånden, som ædru i en kaotisk urgrød, som; *"en hemmelig kults mystiske flodbølger, som efterhånden skyller ind over hele verden."* (Nietzsche, Tragediens fødsel, s. 98, 1996)

I forundret inderlig indsigt korrigeres tilværelsen ved at *hælde trylledrikken ud i støvet*; med den sande sværmersjæls kyklopøje, i fablens pirringer og naive kynisme, svævende i midten, som ene styrmand og dialektisk filosofi, som *ancilla* – sker dødsspringet, forrykkelsen, korets tilintetgørelse, nedbrydningen; tomhedens livserfaring – livserfaringens tomhed.

Bandlysningens skygge og karikatur; det teoretiske menneske, hvis bortkastede slør og afsløringsproces, hvis urystelige afgrund, med tankens fakkel, på det åbne hav, ud over den ganske jordklode, i det hvirvlende vendepunkt, i det ædle midtpunkt i sit liv, hvor grænsepunkternes uforklarlige, stirrende resignation, bevæger sindets omslag, svinder bort, fødes af livskildens trolddomskraft – og fraseologi.

Rædslerne river livsbegæret og livslysten; livsformernes overvældende frugtbarhed ud i en genopvågnende genfødsels livsklang – i en degenereret kulturs verdensbillede, som fremmed.

Ophidselsens erindringer, med sløve og nedslidte nerver, hvor "den forsonende klang fra en anden verden klinger", i *det fortærende pust*, i en dyster afgrund, med "metafysisk trøst", stormer den vildsomme og bævende hævn frem; den stolte dristighed "lev resolut" er sørgeligt rystet, brudt, lidende.

Talens grufulde, genopvakte patos, *genesis' duftsøjle*, som fjollet pjank; "at forløse øjet fra blikket ind i nattens gru" – i et værdigt verdensspejl, som fornøjelig *sokratik*, hvor tilfredse omvendte, i den tragiske tidsalder med papirslavers *sprogmikroskopikers* metamorfose, genopvækker *tragediemusikkens mystiske klange – i den nutidige kulturs tomhed og udmattelse.*

Vor trætte kulturs dystert skildrede vildnis – med livets lyst og lidelse, som tragiske mennesker, hvis *inderste livsgrund har brug for en nødvendig helbredelsesdrik,* i en ekstatisk rugen, i en opslidende higen, i *verdensviljens hjertekammer,* lyder genklangen af "verdensnattens vide rum", hvor kvalens højdepunkt sønderskærer hjertet;

"Og det, som før berørte os som en hul sukken ud af det værendes midte, det vil nu kun sige os, at 'havet er øde og tomt'". (Nietzsche, Tragediens fødsel, s. 143, 1996)

Henrykte livsbilleder pirrer inderligt den klingende livskerne og livskernens klinge; sansbart vævende og bevægende begivenheder i verdens hjerte, det værende stofs klang og sfære, svulmer livligt i ur-glædens ædle *katarsis.*

En livagtig patologisk interesse, natursandhedens poetiske retfærdighed – *quidproquo –* et skin af liv, de sidste rester af liv, fremmedgørelsens dannelse; stum af overraskelse, som en gådefuld stjerne – vidunderet:

"Uden myte mister enhver kultur sin sunde, skabende naturkraft: først en med myter omkranset horisont afrunder en hel kulturbevægelse til en enhed." (Nietzsche, Tragediens fødsel, s. 151, 1996)

At ville vove sig ud i et hav af tvivl uden
kompas og kaptajn er lutter dårskab og
fordærv for uudviklede hoveder; de fleste
bliver slået ud af kurs af stormene, kun de
færreste opdager nyt land.

Nietzsche. Den unge Nietzsches lidelser, s. 27 (1995)

Klangmættet & tankeløs omplantning

Kummerligt hungrende med feberagtige berøringer,
med dannelseskrampe, i samklangens degeneration,
med en sløv, umættet findeglæde, med længslens
vingeslag, herligt livstærende fornedrelse, i
"salighedshavets & verdensåndedragets" (Wagner)
skønhedsslør; synker, drukner.

Kultursynets selvspejling, dets natsides
sønderrevethed som gør utryg, som i de følsomme,
rastløse opbrudsstemninger; i fortrøstningens sarte
og mildt dyriske smertensskrig.

Livsdyrkernes fritænkeri, den skumrende,
sværmeriske og rørstrømske mentale turbulens;
taknemmelighedsgældens knusende og
sindsformørkede smertelige og uudslettelige
sammenbrud.

Stemningsberedthedens understrømme i hjertets
brusende, inderste afkrog, på livsvejens inderlige
pathos; hvor udgangsbønnen og
næstekærlighedserklæringen inderliggøres.

At genoplive et stille, enkelt og lykkeligt liv i den
fremmedgjorte, udmarvende ensomhed, i naturens
frie tempel, i *den ensomme tavse pagt med den
store natur*, i tordenvejrets naturkraft; i den intense
søgen, og ædelt at have sande venner med en ethos
og sårede følelser, udtrykker tankerne en
resignationstid.

At kære om det nære gennem en bedrøvende levnedsskildring, som en 'digterfilosofs' fortrøstning med en forladthedsfølelse, hvor hvilepauser og tvangsfodret lærdomsstumper suger tankedybden ud af livets stemningsfylde; "pluk dagen" – "nyd livet" – mislydene fra den opståede revne.

Den dybe, knugende angst, underkastelsesmønstrenes klemme og smeltende klange; de smertelige dissonanser på et nu-plan.

Med livet som indsats omstyrtes en meningskamp på det umådelige (evige) ocean, hvor centrum for alle svingninger med den store filosofiske profet og menneskelivet hvirvles rundt i livslykkens spejl og toneart; forhænget falder, det ubundne og omstrejfende i den usigelige modstandskraft med dunkelt virkende kræfter og snærende lænker gør verdensmekanismen til alt-ét.

Tankefrihedens spejl og viljestyrke samt nedværdigende ydmyghed, sjæleeksistensens usvækkede og oplivende livsstemning bliver et hjerteanliggende, hvor éns hjerte kan gøre én lykkelig; den glødende selvfølelse lystrer et vibrerende *topos*.

Livagtigt at komme til at ånde, den stærke viljes spaltning, mærkbart "selvvirksomt"; *at forblive tro mod jorden* i musikkens sfæriske svingninger, som i en cyklisk periodicitet, som i en kosmisk cyklus med verdens undergang og verdens tilblivelse.

Den sociale nød og svøb, den skabende impuls,
"produktionsdriften", fra livets kæmpemæssige
ocean, som *naturens fortabte og nu genfundne
barn*; sprængt menneskehed, vemod, besk selvspot
– uden hjemsted.

Med fred i sit hjerte, i en ensom ekstase, med dyb
respekt, gisningernes paralyse og
lysoverfølsomheden, med følelseshæmmende
masker, mismodig, splittet – andægtigt lutrende
kult-steder.

Indædt sværmende som nomadefilosoffer, i en
selvdræbende frigørelsesdynamik, i dønningernes
livsnerver genoprettes en ægte organisk forbindelse
mellem naturen og kulturen (en regeneration, jf.
Schiller, 1795); selvmægtighedens mylder og
smagens omverdens-formende forskelsløse føleri –
et semiotisk primalskrig.

Må stå stille, pynte livet, gå i hi; dansen drukner
lokkende frigørelsestankens rustilstand – og den
maskinelle *livsopfattelse stivner i kalkulens og
arbejdstidsbegrebets tyranni.*

Længslens og eksistensens grundvold synger med
når kulturmenneskets virkelighedsgengivelse, i det
bedrøvelige mørke, i de flagrende bevægelser,
foregøgler henrevethedens selvforglemmelse;
verdensforløsningsfestens fineste væv – *de sociale
regenerationsprocesser* – viljens væv.

Den heftige susen smuldrer i sukkende skrig, og
sønderrivningens angstskælvende samklange;

invasionens pirrende sensibilitet opsuger zigzag-
skærets glemsels kløft, lægekraftens livsårer,
svævende lykkeligt, slyngende, gysende fortryllet.

Morgendrømmen hviler i skødet med dristige og
dunkle tankeslyngninger; flimrende at erkende de
flagrende pirringer, de tryllebindende nerverystelser
– i umættelig kedsomhed.

Tomme hylstre, utilgængelige klangfigurer, slidte
sandhedsfølelser, et køligt pust; *begrebs-rafleriet*
sønderskærer genlyden af edderkoppens
imponerende spind.

Trængslernes triste *gespenst-skemaer* forstummer
sønderknust; at *herske over livet*, fri for smerter,
som midtpunkt, som strøm af lys, klarhed og
forløsning – skriger skælvende, værdigt samstemt
på en glitrende overflade.

Rodfæstet i et åndeligt samkvem, i et kulturfolks
nærhed, med smigrende, levende mindesmærker,
med opfriskende, betydende kulturbevægelser; med
skandaløse indvolde og fordærvelige strømninger,
en forløjet kultur.

Kraftstruttende og svimlende i *meditatio generis
futuri* – i ødselhedens øjeblikke, i den hudløse
følsomhed, med de længselsfulde kryb; det
sælsomme ørevidne, ubekymret vågen.

Sk(r)ålende, brølende, åndeløs i naturens stilhed, ad
snoede linjer, i midtpunktet, på ujævne plateauers
pentagrammer med energisk dømmekraft; grynter
irriteret af de (for)førende filosoffers hvilepladser –

en tankestreg i aftendæmringens stilhed, et skrigeri
fra dybet.

De stumme filosoffer i naturens regelmæssige
åndedræt, de dannede menneskers klage i
øjeblikkets gyngestol, på nutidens tærskel; en
filosofbænks stemmeklang og dannelseshud som
den usle signatur i et ensomt liv.

Som *dannelseseremit* slubres frisættelsens
hviskende og *gloriøse kåbe af tanker*; pukler
pralende med ædel nøjsomhed, klæbrigt i fugerne,
tromlende *øjeblikkets tjenere*.

Filosoffens ensomhed uden trøst, nærheden knuser
modløshedens arrogance, prisgiver kluntet sig selv,
fordærves, forfærdes; slibrigheden forvilder det
bevægende midtpunkt *cum taedio in infinitum*.

En hellig skræk – *quidproquo* – tumler med
krystallisationen eftertænksomhedskrævende,
pirres af en gennemsnitsanstændighedens komedie;
haltende værdighedsfuldt med ærestegnenes
fraseologi – i gloriøse, dannelseshybride
forlegenhedsudflugter.

Kvalmende skrupler, længslens vingeslag, sluger
snørklet ruindyngernes forkrøblede skjulesteder;
slattent i valfartstedets slåbrok – glitrende
forstummende.

Den lange pause – *hensunket i en tungsindig
tavshed*; frit svævende i sørgelig vished – *beneficio
naturae* – med vingeskudte tanker, folkets
sundhedssøvn.

Dannelseskræfternes metafysiske hjemstavn;

*"… vil folde vingerne ud til sin evige flugt, men i tide
liste sig sørgmodigt bort fra det ugæstmilde land,
som en fremmed, der er blevet slået ud af kurs og
har forvildet sig ind i et ensomt og øde
vinterlandskab."* (Nietzsche, Om vore
dannelsesanstalters fremtid, s. 52, 2020)

Bandlysningsformlens singularitet, den poetiske
retfærdighed, løftestangskræfternes *etymologiske
vævestol, etymologispruttende skrubtudser*; et
opsvulmet, elegant barbari.

I det flakkende dannelses-sk(r)åleri, hvor tøvende
strøg eksilerer i en etisk organisme, og hvor
fortællingens bølger i kulturens forførelser og
sælsomme degeneration, nutidens ørken, skaber
skræk i eksistenskampen;

*"… viser længslen efter udødelighed sig: rigdom og
magt, klogskab, åndsnærværelse, veltalenhed, en
blomstrende anseelse, et betydningsfuldt navn – alt
er her udelukkende blevet midler, med hvilke den
umættelige personlige livsvilje stræber længselsfuld
efter nyt liv, med hvilke han tørster efter en til
syvende og sidst illusorisk evighed."* (Nietzsche, Om
vore dannelsesanstalters fremtid, s. 63, 2020)

Æter-rummets livsnødvendigheder, der mobiliserer
kræfter til en poetisk fantasmagori, afmagret i
skumringen, i erindringsfestens levende
dannelsesimpulser, med zigzagtilbøjeligheder og
åbne kar; her slasker lysningen på dannelseskrykker.

Funklende, knuste og snæverhjertede, hensmuldret, *degenereret*, nervøst-eksalterede, ynkværdige, tænderklaprende; filosofiske begavelsers restitution, vandringsmænd, der degenererer, med en fremmegjort ethos, som en forførelseskunster i en sekterisk vrimmel.

Den natlige stilhed, på dette ensomme sted, at stå stille, i en langsom melodisk frase; nedslagsstedet, hvilepladsens kighul – en værdighedsfuld venskabsscene – forstummet, forstemmende.

Som en anden *akroamatisk* dannelsesmaskine, med kontrollørmine, i hvirvelvindenes pust og filosofiske forundring, med forklarelsesværdige, metafysiske regnbuer om tilværelsens tvetydighed; her foregår filosofiens drift og selvtilintetgørelse – i fortvivlelsens *metamorfose*.

Som et degenereret dannelses-menneske, i flugt fra sig selv, i øjeblikkets lænker, i vildnissets dannelseskraft, i tågebankernes ædle og storhjertet; *"... inderlige fornyelse og vækkelse af de reneste moralske kræfter"* – hentæret, i en evig strengeleg.

Med en bevinget fantasi, i en lynhurtig sjælevandring, i et sympatisk nutidsspejl; ny-humanistisk rus med stille storhed; "at skabe sig selv som en kultur ud af kaos" – livsbekræftende æstetik og dissonant forening.

"Den sidste filosof"; *i et uendeligt-ubegrænset hav af den erkendte tilblivelses lysbølger* – præsterer til nye livs fødsler, livsduelighedens stifinder.

... en, der er faret helt vild fra sin vej inde i en
skov, men som med ualmindelig stor energi
leder efter en eller anden retning ud i det fri,
opdager undertiden en ny vej, som ingen
kender: sådan opstår genierne, som man efter
deres død roser for deres originalitet.

Nietzsche

Menneskeligt, alt for menneskeligt, s. 157, 2013

En lille levende hvirvel

Et selvopgør, en dialogisk monolog; *en øvelse i at
tale alene med eller mod flere stemmer* –
afgrænsningens læge og humanistiske ethos.

Spindelvævet; *en skipper i havsnød*, når hjernen
pauserer og nervesystemet pirrer, en medklingende
strøm af dyb.

Unodernes opblussende muldvarpeøjne; mærkbare
små engle, der *ser sin korte levetid for stift i øjnene* –
døgnfluetilværelsen.

Polyfonisk undergang; krumningernes slemme
økonomi i verdens blomsterflor – livsduelighedens
sandhedssans.

Den frie, frygtløse svæven; sentenssliberiets
blufærdige nøgenhed – sjæleransagelsens
kummerlige og dunkle udholdenhed.

Behagesygens muld, mismodet; "alle de rare
øjeblikke", den lettede livspraksis – menneskets
selvspaltning.

Håbets lykkeskrin; slubberter, forelsket i livet,
sjælens hud, dydens søvn – skamfølelsens finesse,
forfængeligheden.

Pirring af livet, nerveanspændelsen; "hvis verdens
hjul stod stille i et øjeblik", lægende, beroligende –
trøstemidlernes lumskerier.

Den dybe sjælefred, en særlig hjertelig stemning, et
hjerte i vishedens land; forløsningstrangens
uselviske tænkemåde og klare spejl – forkrøblet fejl.

Selvforløsningens kåde ryttere,
selvsønderknuselsens spændingstilstand og vældige
emotion; at udlade, at gøre sig livet let – at blive
herre over sig selv.

At kæmpe mod livsviljen, *plager og formørker
fantasien*; livspirringernes skuespil og plagsomme,
vilde oprør – ophidset bundet sammen til en knude.

Den hellige skyggeskikkelse, den famlende sjæl
fylder vore øjne med tårer, vort hjerte med længsel;
en nådesstråle og latterlig-rørende pathos.

Når mennesker gyser og svajer over sig selv, og
bliver rigtig rørt som et frygtsomt dyr, af angst
skælvende, sammenkrummet; i en æggende
ufuldstændighed.

Den eneste rette vej;

*" … en lysvirkning, som ved en fakkelbelysning på
utydelige skovveje … frembringer en følelse af
overgiven frihed, som stillede mennesket sig på
tåspidserne og af indre lyst bare var nødt til at
danse."* (Nietzsche, Menneskeligt, alt for
menneskeligt, s. 138, 2013)

Livgivende, stille frugtbarhed; nerveepidemiernes
følelsestråde i sindets genklang – den poetiske
revolutions bane, ny-besjæling og omdannelse.

Livsglædens degeneration og varighed; at vække
opsigt, løsgjort, fornemmelsens glød –
forfladigelsens bølgeslag, spot.

Medicinmandens mirakelkure og
besværgelseskunster – "alle syge menneskers
gnavende orm" – aldeles neurotisk; afkøler
helbredet i en kappe, i en stivnet klokke.

Livsviljens dybe kurver, den nye ånd, væver sit væv,
et sundhedskrav, en sej udholdenhed, dyrebart;
stemningsomslaget – som en slags vandskræk.

Overpirring af nerverne – *det filosofiske liv* – en
sokratisk fortryllelse; vulgæranskuelsernes elastik,
afsvækkede former i den vindstille susen.

Livets hastighedsforøgelse og *meditationens geni;*
den moderne (u)ro – et langt åndedrag, en forfinet
heroisme, en nødvendig kæde af kulturringe, som
naturens stemme.

Dødens dis er nær, en uoprettelig gave, en ængstelig
tænkemåde, en inhuman efterklang; hvor selv gode
venner fuskende forsones i den trængendes hus.

Mismodets udladning, som en ironisk, bidsk hund,
ydmygelsens dialogiske eftermæle; dødeligt sårbar
som i *en omvandrende sfære af meninger*.

Den sikreste kur, en væmmelig medicin, minespillets
rene masker; en glans af *droner i en bikube*, et dødt
punkt – som *at flyve alene.*

Sit livs perle i den gyldne vugge; mislydenes magt og
vartegn, *tænkerens solnedgangsstilhed* – et tåleligt
liv, selvbestemmelsens øjeblik, at *gro i vort
nuværende kulturklima.*

Bortsmeltende formørkelse og omvæltninger;
recepten er viljestyrkens svamp, hvis korruption og
lykkelige øjeblikke suser omkring i afsavn, rædsel –
og mistro.

Luften bryder frem som tomhedens
overgangskampe, i en lammende flid; den
livsduelige ydmygelse og dovenskab.

Hoved- og hjertekapitalens medglæde:

*"Vi opholder os så gerne i den frie natur, fordi den
ikke har nogen mening om os."* (Nietzsche,
Menneskeligt, alt for menneskeligt, s. 257, 2013)

Punctum saliens; på livets skånselsløse timeviser, på
dagens første tanke, klæber en sand beskedenhed
til lykkens nybegyndere.

Den klangløse medglæde; vilddyrets parasit og
alenetilværelsens sønderknuste resignation – den
personlige angst i meningernes kamp.

Vi tænker for kvikt og i forbifarten, som vi går
og står midt i gøremål af den ene eller den
anden slags, også selv om vi tænker på noget
yderst alvorligt; vi behøver kun en smule
forberedelse, endda kun en smule stilhed – det
er, som om vi går omkring med en maskine,
der kører uafbrudt i hovedet på os, og som
arbejder videre under selv de mest ugunstige
forhold.

Nietzsche

Den muntre videnskab, s. 44, 1997

Overstrømmende kærlighed

Vandrerens belejringstilstande,
selvgenopretningernes dybe mistanker; "jeg lever
stadig" i løsgørelsens jublende glæde, i
ensomhedens sundhed.

Forundret, sidder stille som en sløv drivert; med
kuldegys og tier opmuntrende – helt utilgængelig, i
et skammeligt *otium*.

"At tage sit liv på sig"; *en hel kulturs dybtgående
kollektive krise*, fra oplysning til opløsning – "det
skøre menneske" frastødt af samfundslivets flade
rationalisme og materialisme.

Livsfilosofiernes romantiske mytologi og pathos, den
sokratiske selvbesindelsens ethos og skepsis, den
frie ånds bæredygtighed, kroppens filosofi; kynikere,
der tager narrehuen på sig, og ler af sig selv – og af
tilværelsen.

Livsfyldens organiske psykosomatik, livsprocesserne
inderst indefra; de indre værdiers arbejde i den
nomadefilosofiske fritid, hvor erkendelses-
eksperimenternes smag og intellektuelle
samvittighed vover pelsen, og gør livet til en
værdifuld kulturarkæologi.

I passionernes kærlighed og grådighed, i hadets
arbejde og ægteskabets ernæringshistorie bliver det
distancerede kultur- og flok-menneske

fremmedgjort i sin fuldvoksne ensomhed; med lede
og kvalme samt fornem egoisme øser det uselviske
menneske af sit overskud, hvor den lavsindet
egoisme *snut* rager til sig.

Selviscenesættelsens stilisering, vanvittig vagtsom
og virksom bliver en undren vakt i det fredsløse
kærlighedsliv; en forbavsende tåbelig økonomi, hvis
væsen og sandhedssans gør livets latter trivende
som på en ørkenvandring.

Længslen efter hjertets pause og værdighedstabet,
griskhedens grusomhed, ernæringens
eksistensberettigelse; de fine mønstre på de
forrykte særlinge "helt oppe i skyerne" – "helt nede
i kælderen".

Livets smertefrihed; at berøve mennesket dets
glæder, magtfølelsens lyst og krydret kærlighed,
tåbelige tanker hos offerdyret.

Slaphedens forfald og forfinede blikke; udmattelsen
spirer, uro, bestikkelighed, forræderi, tidens
magtmennesker – *mere omsorg for øjeblikket.*

Efterårets forfaldstid gør livet smukkere og dybere,
en følelses-luksus; mismodige og mistroiske selv-
pinere – *den intellektuelle maskerade.*

Dovenskab, kedsomhed; "sjælens 'vindstille'", de
lystige vindes narkotika, gift og vin – skælvende
mæt, ægte vildskab:

*"Endelig miste jordforbindelsen! Svæve! Strejfe om!
Være ude af sig selv! – dét hørte til tidligere tiders
paradis og fråseri, hvorimod vor lyksalighed ligner
den skibbrudnes, når han er kravlet i land og står
med begge ben på den gamle, faste jord – forbavset
over, at den ikke gynger under ham."* (Den muntre
videnskab, s. 72, 1997)

At bære smerter – store sjælesmerter – myggestik
på sjælen; en recept mod melankoliens indre
slyngkraft – læsker sig i leden – i åndedansens
langdrag.

Den ædle galskab, at skabe sig et uhyre; nødråbets
beruselse, søvngængernes stille plads –
genfærdsagtigt strygende, dødsens stilhed:

*"Al stor larm gør, at vi ser lykken i det stille og
fjerne. Når en mand står midt i sin egen larm, midt i
sin brænding af foretagender og forehavender, så
ser han vel også tyste, fortryllende væsner glide forbi
sig, hvis lykke og tilbagetrukkethed han længes
efter..."* (Den muntre videnskab, s. 80-81, 1997)

Distancens hoved-dressur, dumhedens muntre
tempo, den langsomme ånd; hverdagsmenneskers
tavshed og nyttedyrkernes fortumlede
helbredelseskunst.

Rusmidlernes tryllesange; "at gå op i fugerne",
latteren som lægemiddel mod livet – det herligste
menneske, gådegætterens frygtløse "klangtrylleri".

Hvad vil liv sige? – Liv – det vil sige:
fortløbende støde noget fra sig, der vil dø; liv –
det vil sige: at være grusom og ubønhørlig over
for alt, hvad der bliver svagt og gammelt ved
os, og ikke bare ved os. Liv – det vil altså sige:
at være uden ærbødighed for døende, stakler
og gamle? Hele tiden være morder?

Nietzsche

Den muntre videnskab, s. 62, 1997

Smuldrer i en nænsom hånd

Et stød regenererer sundhedens ethos, den vældige
begivenhed, med sin magisk virkende kraft; verdens
skygge:

*"Hvornår vil vi helt have afgudommeliggjort
naturen! Hvornår kan vi mon tage fat på at
naturliggøre os mennesker i en ren, nyfunden,
nyforløst natur!"* (Den muntre videnskab, s. 115,
1997)

Rapsodiske, flerstrofiske mellemtoner glidende som
en arabesk ind i selve livets optik; som "et chikt lille
pust" hen over vandrerfilosoffen.

Poet-profetiske maskeskift, gnidningsfrit kværnende
tandhjul, hvis fornemme ja-sigende sensibilitet og
eksistenstænkende "hjertets geni" er *flydende,
flertydige, frisættende, farlige*.

At være vågen i det slemme vovestykke; i virvarets
skød og stævnemøde, besegler tærsklens
spidsfindighed den livsbefordrende og tumpede snu
livstørst og omstrejfende snirkelsindighed.

Søvndyssekraftens sensualisme; et skånselsløst
efterliv, hvis skikkelige ødemark, med sin
fordampende muskelfornemmelser, besnærer
tryllekredsens vås med intethedens udsvævende
sump.

Den væltende betydningsfordrejelse i livets
husholdning og kåde spring; tilrettedigtet forfinelse,
hvis slemt-jagede spindelvævere, *de
gennemsnitsmenneskelige tribune-skrighalse*, kildrer
kynismen på den kække tumleplads, og hopper.

Fritænkeriets kådeste løb og løsslupne livskraft; den
agtværdige selvopgivelsesmoral og filosoffens knubs
("det væsen, der altid er blevet holdt mest for nar
på jorden hidtil"), i et ømskindet driftsliv.

Viljeskraftens ømfindtlige og forsløvede listighed,
som gennempryglet blufærdighed med lumsk list;

*"… triller gennem livet ru og rund som en gammel,
grøn, velnittet vintønde… "*

– i livsfare – med flade livstegn.

I afkrogens fængsel flyver selvbevarelsens
hverdagssandhed i en gisnen og i en gysen, i en
tåge, hvis;

*… fælles-grønne-græsgangs-lykke og tryghed,
hyggen og lettelsen i livet for enhver…*

– er livsviljens opfindelses- og forstillelseskraft – er
en flok-ønsketænkning.

I de lumre hyggekroge med begejstringsrusens
lokkemidler, med natuglernes gniere, i
jagtområdernes vrimlende mørke, sker en ofring

med ét hug, med bidske åndsbarbarer; med
selvforhånelsens ormeagtige smil – er helt sejlivet.

Alle de neurotiske diæt-forskrifter, helt som en
maskeret epilepsi; viljesfornægtelsens livsværk – og
livagtighed, epidemisk klæber infektioner sig til
mageligt henslængte sjæle – "mit raseri".

Hysteriets mugne lugt, i de fintmærkende
attentater; i dumhedens snæverhed, og den
sprudlende, blide sindighed, i varsomhedens flittig-
flinke og flygtige lede ved livet – i fortyndet snavs.

Sjælsarmodens skånsomme og inderligt-ødelagte
forkrøbling forvrider et *sublimt misfoster*; "hjertets
høflighed" i en levende krystallisering, i affekternes
tegnsprog.

*"At give los … for noget som det lønner sig at leve på
jorden for"*; den uerstattelige opdrætning i den
befængt brunstiggjorte luft, i et sublimeret
selvforhør, hvor selvoverlistelsen i 'flokken' og med
dovenskabens (flyve)kraft – med spørgsmålstegnets
drømmevaner – bliver *af*-grundigt tirret.

I den moral-psykologiske urskov, hvor flok-
menneskers hykleri, med den krig, de selv *er* – i
gåde-menneskenes afløbskanaler; i viljen til at stå
alene i sygelig mørnethed, i flok-frygtsomhedens
imperativ: 'vi vil have, at der engang intet mere er at
frygte'. (Nietzsche, Hinsides godt og ondt, s. 107,
2002)

Det smiskede flokdyrs-begær, sløvt fortryllet i
formørkelse og forkælelse, de nulevendes
trøstemiddel, middelmådiggørelsens
værdisænkninger; om at opdrætte fladpander.

Pøbelinstinktets drivert; formummet miskmask, et
ængsteligt *nedblik*, står i stampe, står i det
forstummende slemme spil, knækker
selvudglattende mønstermennesker – i skepsis.

Med dårlige nerver, i løgneklæder, i viljelammelse;
med en brudt vilje, i en dristig gysen, som glædens
gådegætter, i modstrid, i 'det ædles' sved, og med
tankernes lette og fine gang – i det langsomme løb.

Grusomhedens forklædningskunst, selvforagtelsens
labyrinter og forgrimmelse; fjogethedens forringelse
og velvære, ømskindet, i indspundet redelighed.

Kedsommelig tryg, som en ømtålelig trasker, gedulgt
spørgsmålstegnværdig, som et brækmiddel; at få sig
selv til at lide – i voldtægtens dråbe.

Som sammensnørende fremmed; fordøjelsesevnens
tilfredshed med mørket i overfladens hviskende
ordflimmer, i velklingende, svulmende stolthed,
med indsmigrende ordpragt – *ubelærbart*.

Hæsliggørelsen, den gyselige tankeløshed,
smuldringen; *"den tragedie, der sønderriver, idet
den henriver..."* – affortryllelsen,
kedsommeliggørelsen.

Levende fremmeartede vartegn, følelses-
oversvømmelser; ørevidne til den store tanke,
tomhedens indslumrende skamplet, skørt
forfladiget.

Dæmrende filosofiske formler; sjælehusholdning,
fordøjelse, bekvemt, slåbrok, snirkleri, rørstrømske
brister i et udsvævende dæmringslys, som et
intermezzo, som en stille lyrik – *i lutter anonym
lykke*.

Et tredje øre; et fintmærkende, tålmodigt øre,
drypper, stikker, suser, skærer – klangen i et enkelt
åndedrag; *"hvad et ord vejer, hvorvidt en sætning
slår, springer, styrter, løber, løber ud…"*

Plaget, inficeret; usmagelig, let-vekslende
verdensfortumpelse, at grynte noget nyt som
gennemsnitsvæsen, i depression, i væmmelse – i
øjesyn, helt afmagret.

Snakketøjets begrebsspøgeri falmer, blegner ved
hjemve, som gæstfri i det umanerlige spektakel,
oprivende; fordærvet i livets vilje, fælt foragtet.

Den mægtige ærefrygt og fornemme afløbskanal;
forfængelighedens oprørske og eksploderende
uhyrlighed – er kvalmevækkende befamlet.

En rødmende ømfindtlig pøbel-type; at sløre
selvformindskelsens sjæle-gætteri:

"Et menneskes værdier røber noget om opbygningen af dets sjæl og hvori den ser sine livsbetingelser, sin egentlige nødvendighed." (Nietzsche, Hinsides godt og ondt, s. 188, 2002)

Hverdagsmenneskers helbredelse; en slags flugt og glemsel, hvor frygten og erindringen forstummer i øjeblikkets besudling og flyvskheder, forvildet i dyndet – *hjælpe- og frelses-beredt.*

Hjertets martyrium; dets rystende vished i forklædning, som 'indviede, muntre mennesker' i renlighedens hæderlighed, i hellighedens smuds – på hvilebænken, i den stillesiddende slummer.

Knuse, kvæle, klage, kræsen; med de sorte briller, *de største tanker er de største begivenheder* – "den fornemme sjæl har ærefrygt for sig selv".

Filosofisk krimskrams i sværmeriske kredse, med den gyldne latter, hvor man *ligger stille som et spejl,* i nøgenhedens malede tanker, lige på nippet, med hjerteskærende pensel, med gnister, og med slemmer tanker.

Selvforvandlingens utilgængelighed; 'det, der ikke kan skæres mere i' (jf. Demokrit) – 'den, der lever skjult, lever godt (jf. Epikur) – at 'friste lykken'.

Kraftpunktets sarkastiske etymologi; et kulturstrategisk kuld – redelig, tapper, storsindet, høflig – og ensom.

At oversætte mennesket tilbage til naturen; at
blive herre over de mange tomme og
sværmeriske tydninger og bibetydninger, der
hidtil er blevet kradset og malet hen over den
evige grundtekst *homo natura*; at få
mennesket til fremover at stå over for
mennesket, sådan som det allerede i dag,
hærdet i videnskabens tugt, står over for den
anden natur, med uforfærdede Ødipus-øjne og
tilklæbede Odysseus-ører, døv over for
lokketonerne fra gamle metafysiske
fuglefængere, der alt for længe har fløjtet sødt
til ham: 'du er noget mere! Du er noget højere!
Du er af en anden herkomst!' – måske det er
en sælsom og skør opgave, men det er en
opgave – hvem ville benægte det! Hvorfor har
vi har valgt den, denne skøre opgave? Eller
anderledes spurgt: 'hvorfor overhovedet
erkendelse'?

Nietzsche

Hinsides godt og ondt, s. 144, 2002

Livsstrømningens simple & rørende *gaudium*

En grundviljes udblik, en underjordisk alvor, vanens inerti, at formindske mennesket; fuskeri og slamfyldte vulkaner – en kur-naivitet.

En radikal kur; indestængt blodforgiftning, plump og passiv, giftøjets udladning – *kulturens egentlige værktøj* – "det tamme menneske".

Det ækle syn; *"kringelkrogsfalskmøntere"*, der *stinker af lutter løgne*, at være spaltet i glemsomhedens nærvær, i "den sociale spændetrøje" – "at hypnotisere hele vort nervesystem".

Løftets skumle affære; et tragisk trylleri i en omstyrtende og omsiggribende ængstelse, i et rablende vanvid – betænkeligt livsfjendtligt.

En glidende, voksende kraft, en skærpet tæmning, hvor *frihedsinstinktet* træder indad – inderliggøres – trykkets maksimum; selvpineriet i jordens galehus.

Selvvoldtægten sønderriver vanviddets udsvævelse; et radikalt menings-omslag, en art intellektuel perversitet, dæmpes, pirres – et krafttilskud.

Ruger over livet; æstetikkens fysiologi, den asketiske stjerne – begrebs-fableriets fangearme: *"Det asketiske ideal udspringer af et beskyttelses- og*

helbredelses-instinkt i et degenererende liv."
(Nietzsche, Moralens oprindelse, s. 131, 1993)

Det sårede, indadvendte blik: *"Her vrimler det med hævn- og nag-følelsernes orme, her stinker luften af hemmeligheder og skummelheder, her spindes den mest ondartede sammensværgelses net uafladeligt – de lidendes sammensværgelse mod de vellykkede og sejrrige, her hades det blotte syn af de sejrrige."*
(Nietzsche, Moralens oprindelse, s. 134, 1993)

Frasemageriet – de skinbarlige bebrejdelser – "hvor de dog tørster efter selv at være bødler" – med; *"... giftigt spyt og altid med spidset mund, altid beredte til at spytte på enhver, der ikke kigger sig utilfreds omkring, men går sin egen vej i godt humør."*
(Nietzsche, Moralens oprindelse, s. 135, 1993)

De forløjede misfostre – *afarten af moralske onanister* og "selvtilfredsstillere"; "en skændsel at være lykkelig", bedøvelsens fysiologiske nedslåethed, den epidemiske træthed og tunghed, selvudslettelsens hypnotisering i blændværkets stilhed.

Den dybe søvn i den hypnotiske intetheds-følelse, en neddæmpning af sensibiliteten og levevisens daglige trummerum – *incuria sui* – en samlet neddæmpning af livsfølelsen, et slimet brækmiddel i dumdristighedens skjulesteder – *despectio sui* – *factum brutum*; selvforringelsens snigvej – og spejl, det impotente hykleri, en modvilje mod livet.

En henrykkelse, hvis vældige spænding
undertiden udløser sig i en tårestrøm,
hvorunder éns skridt snart stormer uvilkårligt
frem, snart bliver langsomt; man er ude af sig
selv på en fuldkommen måde samtidig med, at
man på det nøjeste er sig utallige, let gysende
og rislende fornemmelser helt ned i
tåspidserne bevidst; et lykkedyb...

Nietzsche

Ecce Homo, s. 93, 1994

En olympisk latters tågeslør

At leve er at sætte værdi; at give verden uskylden tilbage i form af en *levende* etik: *"Kun de tanker, man har gået sig til, har værdi."* (Nietzsche, Afgudernes ragnarok, s. 27, 1999)

Finessens degeneration; "herre over sig selv", at *være en læge, en frelser* – tomme spindelvævere, et listigt nedadgående liv.

Dumhedens kur, degenereret pirring, sjælefredens træthed; det rolige åndedrag: *"Når vi taler om værdier, taler vi under livets inspiration, under livets optik: livet selv tvinger os til at sætte værdier, livet sætter værdier gennem os, når vi sætter værdier..."* (Nietzsche, Afgudernes ragnarok, s. 48, 1999)

En skinhellig drivert; *"... de degenererede som har gjort usigeligt stor skade"* – *"... åbnet vort hjerte ... for den økonomi i livets lov..."* (Nietzsche, Afgudernes ragnarok, s. 49, 1999)

Fordærvets nervekraft, stofskiftets overordentlige langsomhed: *"Min genoprettede fornuft siger: når folk går til grunde og degenererer fysiologisk, så følger heraf laster og luksus (det vil sige behovet for stærkere og hyppigere pirringer, som enhver udmattet natur kender dem)."* (Nietzsche, Afgudernes ragnarok, s. 51, 1999)

En instinkt-degeneration, efternølere, gøglebilleder
og lygtemænd – en slags resonans; *nervus
sympathicus – fejltagelsens psykologi*: *"Man er
nødvendig, man er et stykke skæbne, man tilhører
det hele, man er i det hele ... der findes intet uden for
det hele ... først dette er den store befrielse – først
hermed er tilblivelsens uskyld genoprettet ... først
hermed forløser vi verden."* (Nietzsche, Afgudernes
ragnarok, s. 58, 1999)

Et indespærret miskmask-menneske; man trækker
vejret friere, et sanitets-politi, at lave moral, magten
fordummer: *"Hvor finder man den ikke, den bløde
degeneration, som øllet frembringer i ånden!"*
(Nietzsche, Afgudernes ragnarok, s. 65, 1999)

Den åndsnedbrydende indflydelse, de egentlige
drivhuse; "overalt hersker et uanstændigt hastværk,
som om der var blevet forsømt noget" – at se,
tænke, tale og skrive – en fornem kultur.

En sammenkrummet *vendekåbe-smidighed*
enerverer som en afdanket *kolportage-psykologi*,
der *lader huller stå åbne* i rusen, i *maskineriets
sensibilitet*; i viljens rus – hvor øjet pirres.

Metamorfosens lethed ernærer her i "kampen for
livet" en ambrosia; *"set i sin helhed er livet ikke
nødtilstanden, hungertilstanden, snarere
rigdommen, frodigheden, ja, endog den absurde
ødslen – hvor der kæmpes, kæmpes der om magt..."*
(Nietzsche, Afgudernes ragnarok, s. 81, 1999)

Det degenererende menneske: *"Det hæslige forstås
som et vink og symptom på degeneration: alt, hvad
der minder det fjerneste om degeneration,
fremkalder i os dommen 'hæslig'."* (Nietzsche,
Afgudernes ragnarok, s. 85, 1999)

En ønskværdighed af liv, at pukle, at lave en maskine
ud af mennesket, at lære at kede sig, det
intetværdige; "al slags bundfald fra det tømte livs
bæger…" – den klagende parasit.

At svale sin lille hævnfølelse, bagtale, besmudse,
hensygne; *det degenererende liv* – vildskabens
vitalitet, den fysiologiske over-sensibilitet, den
ængstelige selvomsorg, distancens pathos.

Det nedadgående livs forfalds-formationer;
dumheden (instinkt-degenerationen): *"Det er i
samfundet, i vort tamme, middelmådige, kastrerede
samfund, at et naturgroet menneske, der kommer
fra bjergene eller fra havets eventyr, med
nødvendighed udarter til forbryder."* (Nietzsche,
Afgudernes ragnarok, s. 107, 1999)

Oprørs-følelsens kultur-begivenhed: *"Også jeg taler
om et 'tilbage til naturen', selv om det egentlig ikke
er en gåen tilbage, men derimod en kommen op – op
til den høje, den frie, selv frugtbare natur og
naturlighed, én som leger med store opgaver, som
må lege…"* (Nietzsche, Afgudernes ragnarok, s. 110,
1999)

Følsomhedens fødselskval, *orgiasmens psykologi*, ja til livet – og *selv være tilblivelsens evige lyst*; i frontalopgørets maniske effektjageri og forløsningssymbolske, ætsende undergangsfilosofi – i mødet med den sygelige kultur, i mødet med dobbeltblikkets modvillige respekt.

Selvovervindelsens dekadence, der vægrer sig mod livsbegivenheden, er et andægtigt slyngværk, hvis vanddampe, sensibilitetens lystighed, hvis umætteligheds fremhvislede forløsning og snyltegæsteri, er en drøvtyggende hellighed, som udgør en skamløs optimisme uden livskraft.

I nerve-maskineriets brutale og pirrende hypnotiske sfære, med den stadige jagen efter lav sansepirring, har hysteriets forkrøbling nået smagens vendepunkt; med "viljens mangel på midtpunkt" (jf. "atomernes anarki"), hvor en dristig vane, som virker besnærende på nerverne, udgør melankolikerens medlidenhed, er den psykologiske tryllemagt blevet til et drama, til noget, der sker.

En knude, der skælver på det spejlglatte hav med en fraserende durkdrevenhed, som "sætter sumpen i bevægelse", som leger filosof i nervernes ødelæggelse, som tørster efter livskraft i de dekadence-æstetiske sfærer fuld af overflodens triumferende godkendelse af sig selv – i selvforherligelsens taknemmelighed.

Der var uvejr i vor luft, den natur, vi er,
formørkede sig – *thi vi havde ingen vej.*

Nietzsche

Antikrist, s. 13, 1994

Den nulevende ukrænkelighed

En vandring i det forbudte, på duefødder; *lysfylde
og lykkedybde*, dråbe for dråbe – falder til jorden –
et solstrejf, selv-genoprettelses-instinktet, spraglet.

Uro i livet, i en såret ensomhed, hvor alt sårer,
lægger sig i sneen; et hastigt forbrug af nervekraft,
kalket til af opdragelse: *"Men jeg har brug for
ensomhed, det vil sige at komme mig, at komme
tilbage til mig selv, at ånde en fri, let, legende luft."*
(Nietzsche, Ecce Homo, s. 31, 1994)

Samvittighedsnagets *knytnæveplumpe* ernæring;
viljen til liv fra bedrøvede indvolde, *øjne-oplukkende
livsopgaver*, forfriskelserne og fremmede
henrykkelser – *boltrer sig i bøger* – at *få øje på sig
selv*, og livets fejlgreb.

Et blikstille hav med "uhelbredelige mennesker, der
hævner sig på livet" – *overstrømmende friskhed og
munterhed*; "man skal ikke have nerver på", den
mest vellykkede type.

Vildsom vilje og strømmende bestænkt; en
bedemands-parfumes livsundergravende magt,
lugter forrådnelsen – genopretter begrebet 'kultur',
med plovskærets tomheds- og sultfølelse i
erindringernes svage gys, og ja-sigende øjeblikke.

"At menneskeheden ikke af sig selv er på rette vej",
verdensbagtalere og menneske-skændere; den

muntre frimodighed, inspirationens voldsomhed,
hvor *det hellige sted ... lyste ind i mit liv.*

Den rædselsfulde stilhed, ensomhedens nye
tomhed; livstidens kilde, den "afgrundsdybeste
tanke", hvor *hammerens hårdhed* og frygtens
fiskekroge, i *det diætetiske regime*, dét omkring os,
skråplanets fløjte, genoprettede listernes og
falskmønternes nuancer, genoprettede
konvulsionerne i krisernes kollisioner.

At udsuge livet i et *forløsningshysteri*, i en
helvedesmaskine, hvor "vi stræber efter det
forbudte" i "en uforstyrret rugetid med stille og klart
vejr"; som en formummet *katharsis*, i en afgørende
vending – i *cyklotymi.*

I hjertets tilstand, livsdyrkelsens rasende idioti; i *det
ynkelige tids-sludder*, og *modet til det forbudte* –
"viljen til den store stils økonomi" – i *sjæls-højde.*

Magten vokser, mere livsværdige toniske affekter,
som forhøjer livsfølelsens energi; livsbevarelse og
livsværdiforhøjelse – lumske snigveje, livsfarligt!

Sensibilitets-pirrelighedens depression; vandrelivets
bekymringer i klarhedens stilhed og milde klima,
skjulestedets dunkle rum, med epileptiske diæter.

Den sejeste livskraft, en stupid frelses-mekanisme,
ynkværdig løgn og koldblodig kynisme; i en forfalds-
tid, hvor frelserens psykologi, og den sygelige
sensibilitet i følesansen udgør pirrelighedsevnens

livsmulighed, vitalitet og nervekraft, og hvor
frelserens formål udgør propaganda-formål og
degenerationens idioti udtrykker kraftens semiotik
og livets praksis ("hvordan man må leve"), er
"næven i øjet" en forklarelses-samfølelse, en
fuldendelses-følelse, som "den grove mirakelmager
og frelser-fabel" i "højmodig selvbeherskelse" i
"sindssygeanstalt-verden", vor tid, "og her begynder
min kvalme", devaluerer naturen, naturværdierne.

I de kvalmende livs- og hjerteforgiftende vildfarelser
på "den ynkelige lille stjerne, der hedder jorden" er
aben levende den glade budskabsbringer, som en
filuragtig sindssygepatients afmægtige forbrydelse
mod livet; verdens visdom svindler, mennesket
keder sig, helt og aldeles som en knækket livsvilje.

Sjælsstorhed, *en flygtig tur gennem et galehus*,
nerve-epidemier og frelses-træning – *ephexis* –
skeptikeren; dét-at-kunne-se-frit – frimodighedens
bundløse tarvelighed.

At stræbe efter den højeste livskunst, med
intelligente maskiner, mesterskabet og hykler-
luskeriet; ikke som hjerne-dressur – men i og med
fritænkende fortryllelse.

Livets triumf; *ja, til alt højt, skønt, dristigt*, den
sidste udvej mod den cirkulære sindssyge og
svingningerne i sindstilstandene, den sidste vej ud af
verdens maniodepressive psykose.

Livet selv gælder for mig som instinkt for
vækst, for varighed, for ophobning af kræfter,
for magt: hvor viljen til magt mangler, er der
nedgang.

Nietzsche

Antikrist, s. 16, 1994

Flydende og svævende folkesværme

At finde nye måder, hvorpå filosofien kan blive
vristet fri, en kritisk metafysik med mening og værdi;
i kraft af de værdier, hvor en kraft er en
eksistensbetingelses positive kapacitet, dvs. en evne
til at gøre noget, en genererende omdannelse, dvs.
at mønstre en frisk modtagelighed, en dannelse af
det tamme menneske; der "opdrages i profit-
maksimerende udnyttelsestænkning", i et
stillestående liv, der invaderes af erindringer, og
føler en overvældende og stillestående passivitet.

Med en særegen straf sendes vi ud i ørkenen, ud i
de reaktive tilstande; "dette hæsligste menneske",
lader på den tomme plads livet glide stille ud i
tomheden, flyder gennem tilværelsen, dette sidste
menneske i en helt anden(s) vilje; uden en magt og
evne til at ville, uden en vilje til at bekræfte jorden;
"denne lysende afgrund", denne glædelige nyhed,
denne kærlighed befrier smertens inderliggørelse,
overgiver sig til livet og "danser på tilfældets
fødder", "på en tom og ophøjet overflade", på
hævnens bacille.

Med en dynamisk munterhed, i livsviljens dynamiske
kraft, som en mirakuløs harmoni, og med et
smigrende strøg, "gås der til det yderste af ens
kunnen", i al sensibilitetens krafttilblivelse; som
"den, der kommer sig", i den levedygtige skabelse
og glæde, der giver, afklæder og af-maskerer

skjulestederne: *"Det aktive i livet kan kun virkeliggøres, hvis det står i forbindelse med en dybere affirmation."* (Deleuze, Nietzsche og filosofien, s. 196, 2023)

Filosofien, der skader dumheden i "kulturens degeneration" er et oprørs triumf mod de bitre bebrejdelser, mod omvendelsens og inderliggørelsens lokkende kærlighed og frygtelige indbydelse; er som at sprede en smitte, og vende sig indad som et villigt spaltet selv, som selvofringens indvendighed, med en intim mening og ringmusklens opdragelse (jf. Freud), som ansvars-gælden til – og i – tjeneste.

Med en uindfrielig trøstesløs, tæmmet uforskammethed i "grotternes psykologi", hvor livet er forstummet i sin nøgne ensomhed, er man tæt på nulpunktet, "træt i viljen", i medlidenhedens, passive udslettelse, med "menighedens trivsel", på "den tomme plads", i det udmattede liv: *"Det kræver meget stilhed og tid før en begivenhed endelig finder de kræfter der giver den dens væsen."* (Deleuze, Nietzsche og filosofien, s. 276, 2023)

I en sønderslidt fremmedgørelse, med uduelighedens pseudoforvandlinger og dybere konvertering, tjenes livets overskud, og man "går over broen", ser ned i den "lysende afgrund", som "det bæredygtige menneske", med "fornemmelsen for jorden", i latteren, spillet og dansen, i styrke og livlighed, med viljen til livet – i *cathexis*.

… at give tænkningen en anden mening?

En tænkning der ville gå til det yderste af det
livet kan, en tænkning, der ville føre livet til
enden af det det kan … en tænkning der
affirmerer livet.

Livet ville i så fald være tænkningens aktive
kraft …

At tænke ville da betyde: at opdage og opfinde
nye muligheder for livet.

Livet gør tænkningen til noget aktivt,
tænkningen gør livet til noget affirmativt.

Deleuze

Nietzsche og filosofien, s. 193-194, 2023